Wie ist das mit dem Krebs?

Vielen Dank an alle, die zu diesem Buch beigetragen haben. Ein besonderes Dankeschön an alle Familien, die ihre Fragen, Gedanken und Erfahrungen mit mir geteilt haben, und vielen Dank an meine kleinen und großen Testleser für eure Mühe und Inspiration!

Dr. Sarah Herlofsen

Wie ist das mit dem Krebs?

Mit farbigen Illustrationen
von Dagmar Geisler

GABRIEL

Inhalt

Vorwort von Cornelia Scheel,
Stiftung Deutsche Krebshilfe 6
Über das Buch 8
Was ist eigentlich Krebs? 10

Zellen 13
Was ist eine Zelle? 13
Woher kommen Zellen? 16
Wie lange lebt eine Zelle? 18
Was machen Zellen? 20
Woher wissen Zellen, was sie
machen sollen? 20

Kranke Zellen 24
Was ist eine Krebszelle? 24
Wo im Körper kann man Krebs bekommen? 25
Wie entstehen Krebszellen? 28
Wo kommen diese Fehler her? 29
Wer kann Krebs bekommen? 30

Der Körper verteidigt sich 32
Was sind Abwehrzellen? 32
Was ist der Unterschied zwischen Krebs
und anderen Krankheiten? 35

Woher weiß man, dass man Krebs hat? 37
Wie können wir Krebs bekämpfen? 45

Der Körper braucht Hilfe 48
Was passiert bei einer Operation? 48
Was ist eine Chemotherapie? 52
Was passiert bei einer Strahlentherapie? 58
Was ist eine Immuntherapie? 62
Was ist eine Stammzelltherapie? 66
Woher kommen die neuen Stammzellen? 67
Gibt es eine Impfung gegen Krebserkrankungen? 70
Kann man direkt gegen Krebs impfen? 73

Gesund werden 76
Wie lange dauert eine Krebserkrankung? 76
Kann man wieder gesund werden? 80

Kann man an Krebs sterben? 82
Was passiert mit dem Körper, wenn wir sterben? 86

Nachwort für die Erwachsenen 89
Hilfreiche Adressen 104
Über die Autorin 106

Liebe Kinder und natürlich auch liebe Erwachsene,

als mich die Deutsche Krebshilfe vor einiger Zeit fragte, ob ich für Sarah Herlofsens Buch „Wie ist das mit dem Krebs?" ein Vorwort schreiben möchte, habe ich voller Überzeugung und Freude zugesagt. Es ist schon sehr lange her, da habe ich als junge Frau erfahren müssen, wie es sich anfühlt, viel zu früh die Mutter, den Lebensanker, durch Krebs zu verlieren. Die zwei Jahre, die zwischen der Diagnose ihrer Erkrankung und ihrem Tod vergangen sind, waren vor allem durch (Ver-) Schweigen geprägt: Von den drei Kindern in der Familie war ich die Einzige, die wusste, dass unsere Mutter beim nächsten Weihnachtsfest, bei zukünftigen Kindergeburtstagen oder beim Abitur meiner Geschwister nicht mehr da sein würde.

Für mich waren vor allem die letzten Monate, als klar war, dass meine Mutter ihre Krebserkrankung nicht besiegen wird, unendlich schwer – auch weil ich niemanden hatte, mit dem ich offen darüber hätte reden können, dem ich Fragen hätte stellen können, von denen ich doch so viele hatte. Diese Stille, dieses Schweigen ist unendlich belastend, schließlich dreht sich doch jeder Gedanke um die Krankheit.

Und genau deshalb finde ich dieses Buch so wichtig und gut. Ich unterstütze seine Veröffentlichung gern und freue mich, dass es – nach Norwegen – nun auch in Deutschland dabei helfen wird, Kindern ihre Fragen nach einer komplizierten Krankheit zu beantworten, unabhängig davon, ob sie selbst krank sind, ein Kind aus dem Freundeskreis oder ein Familienmitglied. Die Erwachsenen möchte ich dazu ermutigen: Sagen Sie Ihren Kindern, Enkeln, Neffen, Nichten oder Patenkindern die Wahrheit! Kinder haben ein ganz feines Gespür dafür, wenn etwas nicht stimmt, eine ganz besondere „Antenne“, und offene Worte tragen dazu bei, dass sie mit schwierigen Situationen besser fertigwerden können. Auch LehrerInnen und ErzieherInnen können mit Sarah Herlofsens Buch „Wie ist das mit dem Krebs?“ viele Fragen kindgerecht beantworten. Ganz besonders wichtig finde ich dabei die Botschaft, dass eine Krebsdiagnose heute kein Todesurteil mehr ist: Viele Menschen überleben ihre Krankheit.

Dazu hat die Deutsche Krebshilfe ganz wesentlich beigetragen, und deshalb freut es mich ganz besonders, dass Autorin und Verlag sich dazu entschlossen haben, mit jedem verkauften Buch die wichtige Arbeit der Deutsche Krebshilfe zu unterstützen. Diese Institution, die meine Mutter im September 1974 gründete, ist, wie ich es gerne bezeichne, ihr „viertes Kind“ und lässt sich heute aus dem deutschen Gesundheitswesen nicht mehr wegdenken.

Euch Kinder möchte ich ermutigen, alle Fragen zu stellen, die ihr auf dem Herzen habt, und euch mit euren Sorgen und Ängsten einem nahen Menschen anzuvertrauen. Die Erwachsenen bitte ich nochmals eindringlich, den Kindern aufmerksam zuzuhören und alle Fragen mit Feingefühl, Ruhe und der nötigen Offenheit beim Erklären zu beantworten.

Mit herzlichen Grüßen
Ihre Cornelia Scheel

Über das Buch

Kennst du jemanden, der Krebs hat, oder bist du vielleicht selber krank? Vielleicht findest du, dass die Erwachsenen sich plötzlich ganz anders benehmen als sonst, wenn jemand zum Beispiel eine Grippe hat? Vielleicht fragst du dich, was so besonders an Krebs ist und warum plötzlich alle so ernst werden? Vielleicht fühlt sich das alles für dich sehr unheimlich an?

Dann ist es wichtig zu wissen, dass du damit nicht allein bist. Es gibt auch andere Menschen, die Krebs haben oder jemanden kennen, der Krebs hat.

In diesem Buch erkläre ich dir, was im Körper passiert, wenn man Krebs hat. Zum Glück gibt es viele Möglichkeiten, diesen zu bekämpfen und ich werde dir einige von ihnen genauer erklären. Wenn du die Krankheit verstehst und siehst, wie gut Ärzte und Ärztinnen sie behandeln können, dann wird dir der Krebs hoffentlich weniger unheimlich vorkommen.

Oft ist es viel einfacher mit Krebs zu leben, wenn man offen darüber sprechen kann. Die Fragen in diesem Buch habe ich bei meinen Gesprächen mit betroffenen

Familien gesammelt. Sie zeigen, was andere Kinder über Krebs denken und welche Fragen sie hatten, als sie das erste Mal jemanden mit Krebs getroffen haben. Vielleicht sind Fragen dabei, die du dir auch schon gestellt hast. Vielleicht hast du selber aber auch ganz andere Gedanken, die dich beschäftigen.

Eine Krebserkrankung wird von allen sehr unterschiedlich erlebt und jeder hat unterschiedliche Gefühle und Gedanken. Deswegen gibt es sicher auch Fragen, die in diesem Buch keinen Platz gefunden haben. Oft ist es gut, mit jemandem zu sprechen. Denk immer daran, die Menschen um dich herum möchten dir gerne helfen und du brauchst niemals Angst haben, deine Fragen zu stellen.

Was ist eigentlich Krebs?

Viele von euch haben sicher schon einmal von Krebs gehört. Die allermeisten Kinder kennen nämlich jemanden, der Krebs hat. Krebs bezeichnet eigentlich nicht eine einzelne Krankheit, sondern man versteht darunter über 200 verschiedene Krebs-Erkrankungen. Krebs kann für jeden unterschiedlich schlimm sein. Manche

Menschen werden sehr, sehr krank und müssen sehr lange behandelt werden, andere können mit der richtigen Behandlung recht schnell wieder gesund werden.

Oft kann man es den Menschen nicht ansehen, dass sie krebskrank sind. Um zu verstehen, was diese Krankheit so besonders macht, hilft es zu wissen, wie der Körper funktioniert. Auch wenn die Krebserkrankungen sehr

verschieden sind, so haben sie doch eines gemeinsam: Sie entstehen nicht, weil etwas von außen unseren Körper krank macht, sondern weil in unserem Körper ein Fehler passiert. Auf den nächsten Seiten erfährst du alles über die winzigen Bausteine des Körpers, die Zellen. Du wirst sehen, wie wichtig es ist, dass diese Zellen sich gegenseitig helfen und den Körper beschützen. Dann wirst du verstehen, warum der Körper krank wird, wenn sich ein Fehler einschleicht und die Zellen plötzlich nicht mehr machen, was sie sollen.

Zellen

Was ist eine Zelle?

Unser Körper besteht aus vielen kleinen Bausteinen, die wir Zellen nennen. Alles in deinem Körper wird aus diesen Bausteinen zusammengesetzt: ob es hart ist wie ein Knochen, weich wie deine Haut oder sogar flüssig wie dein Blut. Zellen sind so klein, dass du sie mit bloßen Augen nicht sehen kannst. In einem gesunden Körper wohnen alle Zellen zusammen wie in einer glücklichen Familie. Sie teilen miteinander und helfen sich gegenseitig. Viele Zellen schließen sich zusammen,

um eine wichtige Aufgabe im Körper zu erfüllen. Dafür bauen sie sich eine Art gemeinsames Haus, das wir Organ nennen. Du hast sicher schon vom Herz gehört? Dieses Organ besteht zum Beispiel aus vielen Millionen kleiner Zellen, die gemeinsam das Blut durch unseren Körper pumpen und so alle anderen Zellen mit Nahrung und Sauerstoff versorgen.

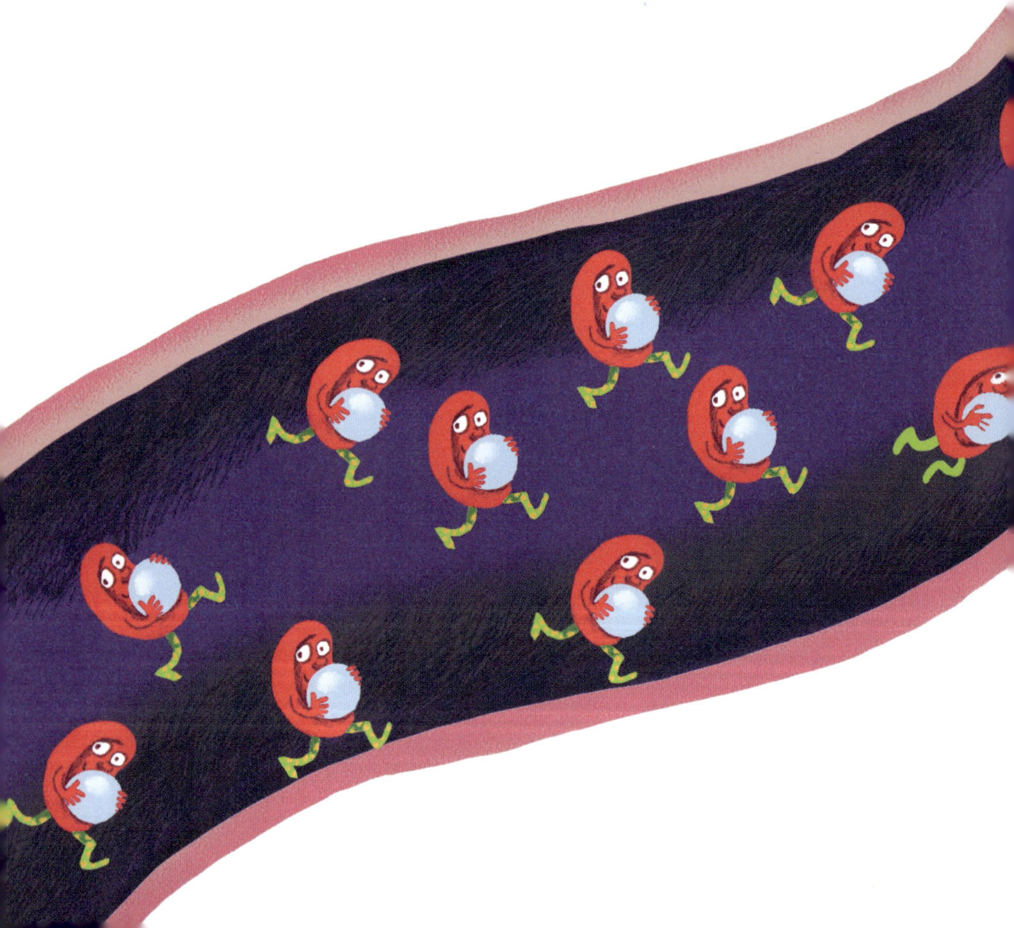

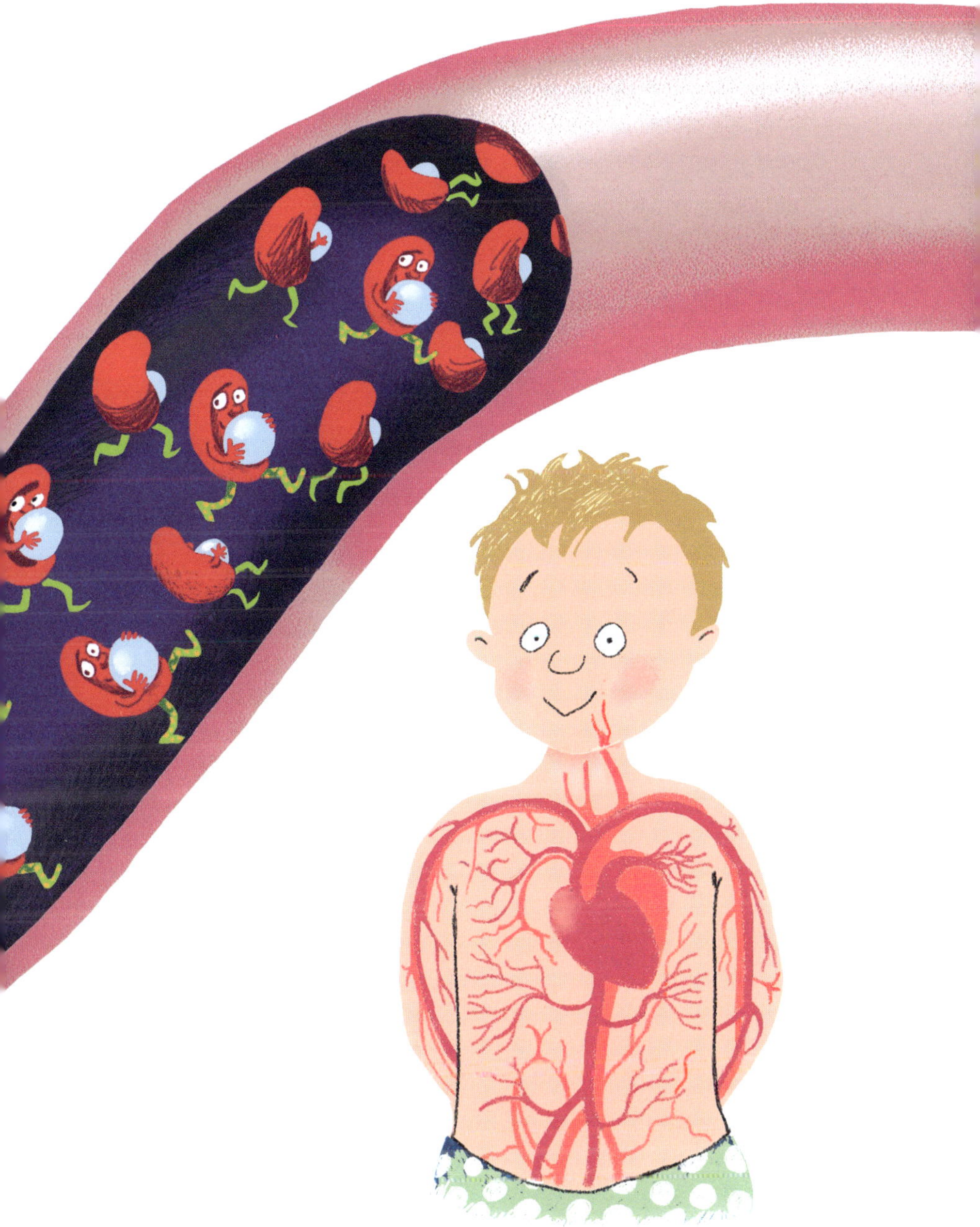

Woher kommen Zellen?

Jeder Mensch ist aus nur einer einzelnen Zelle entstanden. Wenn eine Eizelle der Mutter mit einer Samenzelle des Vaters verschmilzt, entsteht eine einzigartige neue Zelle. Schon nach wenigen Stunden teilt sie sich zum allerersten Mal und aus einer Zelle werden zwei neue. Auf diese Weise entstehen nun rasant schnell immer mehr verschiedene Zellen und im Bauch der Mutter beginnt ein kleiner Mensch heranzuwachsen.

Die Zellen
teilen und
teilen sich,
bis langsam
ein neuer
Mensch
entsteht.

Wie lange lebt eine Zelle?

Es ist sehr unterschiedlich, wie alt die einzelnen Zellen in deinem Körper werden. Manche Zellen in deinem Blut zum Beispiel werden nur wenige Tage alt. Deine Hautzellen leben einen Monat lang und manche Zellen im Körper, zum Beispiel in den Knochen, können viele Jahre alt werden. Jede Minute sterben Millionen von Zellen im Körper, ohne dass wir es merken. Dein Körper baut nämlich gleichzeitig neue Zellen, welche die alten ersetzen. Auch wenn du wächst, geschieht dies, weil dein Körper jeden Tag unzählige neue Zellen produziert. Alle Zellen brauchen Essen, Trinken und Platz zum Leben. Deswegen kann dein Körper nicht unendlich viele neue Zellen aufbauen. Es gibt eine strenge Kontrolle darüber, welche Zelle sich teilen und vermehren darf.

Ein erwachsener Mensch hat ungefähr 100 Billionen Zellen. Diese Zahl ist unvorstellbar groß. Wenn wir alle Zellen in eine lange Reihe legen, anstatt sie im Körper zu sammeln, dann würde sich diese Zellenschlange bei einem Erwachsenen 100 mal um die ganze Erde spannen. Schon ein kleines Baby hat so viele Zellen im Körper, dass die Schlange bis zum Mond reichen würde. Nicht nur wir Menschen haben Zellen. Auch alle anderen Lebewesen auf dieser Erde sind aus solchen winzigen Bausteinen zusammengesetzt. Jeder Baum und jede Blume, jede winzige Fliege und der größte Wal im Meer bestehen aus lebendigen Zellen.

Was machen Zellen?

Am Anfang sind alle Zellen sehr ähnlich, aber schon bald bekommt jede Zelle ihre eigene Aufgabe. Stell dir vor, was du alles machen kannst: essen, sehen, reden, laufen, träumen, fühlen und vieles, vieles mehr. Da ist es klar, dass du viele verschiedene Zellen brauchst, damit dein Körper richtig funktioniert. Du hast ungefähr 200 unterschiedliche Zellarten. Einige bauen Muskeln, Haare oder Zähne. Andere bringen Luft oder Nahrung zu allen Zellen im Körper. Wieder andere sammeln Müll oder reparieren deinen Körper, wenn du dich verletzt hast.

Woher wissen Zellen, was sie machen sollen?

Alle Zellen haben einen Plan in sich, der ihre Aufgaben genau beschreibt. Wir nennen ihn DNA. Du kannst dir DNA vorstellen wie ein sehr, sehr dickes Buch. In diesem Buch gibt es viele Kapitel, die wir Gene nennen. Die einzelnen Kapitel erklären den Zellen genau, wie sie aussehen, welche Arbeit sie im Körper machen und wie schnell sie sich teilen dürfen.

Wir Menschen haben fast 20.000 verschiedene Kapitel in unserem DNA-Buch. Zum Glück muss die Zelle nicht den ganzen Text lesen, sondern nur die Kapitel, die für sie selber wichtig sind. Muskelzellen lesen, wie sie den Körper stark machen und dir helfen, dich zu bewegen. Hirnzellen lesen zum Beispiel, wie sie dir beim Denken, Rechnen und Fühlen helfen. So weiß jede Zelle genau, was sie machen soll.

Stell dir vor, dein Körper ist ein großes Puzzle. Alle Zellen in deinem Körper sind kleine Puzzleteile, die genau zusammenpassen und gemeinsam ein wunderbares Bild ergeben. Eine Krebszelle ist eine Zelle, die nicht hineinpasst. Wenn nur ein einzelnes Teil in diesem riesigen Puzzle falsch ist, ist das nicht so schlimm. Man kann das Bild immer noch erkennen. Aber wenn es zu viele falsche oder kaputte Teile sind, die einen immer größeren Teil des Bildes ausmachen, dann ist das schöne Bild zerstört. Eine einzelne Krebszelle kann dem Körper also nicht schaden. Aber wenn es zu viele Zellen werden, die nicht zum Rest des Körpers passen, dann wird man krank.

Kranke Zellen

Was ist eine Krebszelle?

Krebs beginnt damit, dass eine Zelle krank wird. Die Krebszelle kann ihre Aufgaben nicht mehr übernehmen. Stattdessen teilt sie sich schnell und häufig und bildet so immer mehr neue Krebszellen. Diese brauchen ebenfalls Nahrung und Raum zum Leben. Am Anfang ist das nicht so schlimm, weil es genug Platz im Körper gibt. Wenn es aber zu viele Krebszellen werden, beginnen sie, die anderen Zellen von ihren Plätzen zu vertreiben. Dann werden die gesunden Zellen daran gehindert, so zu arbeiten, wie sie eigentlich sollten, und der Körper wird krank.

Wo im Körper kann man Krebs bekommen?

Krebs kann man überall im Körper bekommen. Krebszellen bilden oft eine Art Knubbel aus vielen Tausend kranken Zellen. Wir nennen diesen Haufen einen Tumor. Manchmal können sich einige Krebszellen vom Tumor lösen und an andere Orte im Körper wandern. Die Ärzte nennen dies Streuung. Es gibt auch Krebszellen, die keine Knubbel bilden, sondern im Blut durch den Körper schwimmen. Es ist extrem wichtig, alle Krebszellen im Körper zu finden und zu entfernen. Nur dann kann man wieder gesund werden.

Manche sagen, dass man böse Zellen im Körper hat, wenn man Krebs bekommt. Es ist viel besser zu sagen, dass die Zellen krank sind. Krebszellen schaden dem Körper nicht absichtlich, weil sie böse sind, sondern weil sie es nicht besser wissen. Sie verstehen nicht, dass es dumm ist, sich zu oft zu teilen und dass sie den Körper damit krank machen. Sie sind wie Unkraut im Garten: Unkraut ist auch nicht böse, aber wir wollen es nicht im Blumenbeet haben. Das Unkraut wächst schnell und nimmt den Blumen Platz, Licht und Nahrung weg. Schließlich verwelken die Blumen. Deshalb jäten wir Unkraut und deshalb müssen Krebszellen entfernt werden. Dann können die Blumen wieder blühen und der Körper kann wieder gesund werden.

Wie entstehen Krebszellen?

Du hast bestimmt schon einmal eine Geschichte in einem Buch gelesen? Jetzt stell dir vor, dieses Buch wäre voller Schreibfehler. Manche Buchstaben sind falsch, andere verschwinden, die Wörter ergeben keinen Sinn mehr. Wenn es zu viele oder zu große Fehler sind, verstehst du nicht mehr, was im Buch steht. Krebszellen haben Schreibfehler in ihrem DNA-Buch und sie können ihre Aufgabe nicht mehr lesen. Stattdessen teilen sie sich zu schnell und zu oft. Jede neue Zelle bekommt das gleiche fehlerhafte Buch mit auf den Weg. Keine von ihnen versteht nun, dass sie dem Körper eigentlich helfen soll. Plötzlich gibt es sehr viele Krebszellen im Körper. Sie vertreiben die gesunden Zellen von ihren Plätzen und behindern sie bei der Arbeit.

Wo kommen diese Fehler her?

Manche Fehler können schon von Geburt an in unseren Zellen sein. Andere Fehler entstehen später im Leben, zum Beispiel, wenn etwas in die Zellen gerät und die DNA beschädigt. Sonnenstrahlen sind beispielsweise so stark, dass sie Buchstaben im DNA-Buch der Hautzellen zerstören können. Deshalb soll man seine Haut im Sommer gut schützen. Der Körper entdeckt kranke Zellen selbst und er entfernt sie, ohne dass wir es merken. Aber wenn die kranken Krebszellen sich sehr schnell teilen und plötzlich sehr viele werden, dann braucht der Körper Hilfe, um sie alle zu finden und zu zerstören.

Wer kann Krebs bekommen?

Wenn Menschen alt werden, steigt die Wahrscheinlichkeit, dass sie Krebs bekommen. Stell dir vor: Ein Körper baut jeden Monat eine komplett neue Haut, weil die Hautzellen nach 30 Tagen durch neue ersetzt werden müssen. Das bedeutet, eine 80-jährige Oma hat in ihrem Leben die ganze Haut fast 1000-mal vollständig erneuert. Jedes Mal, wenn eine Zelle sich teilt, muss sie eine Kopie des ganzen DNA-Buches anfertigen und der neuen Zelle mitgeben. Wenn man ein so dickes Buch 1000-mal abschreiben muss, kann sich leicht irgendwann ein Schreibfehler einschleichen, der ein wichtiges Gen beschreibt. Dann weiß die neue Zelle plötzlich nicht mehr, was sie machen soll, und wird krank.

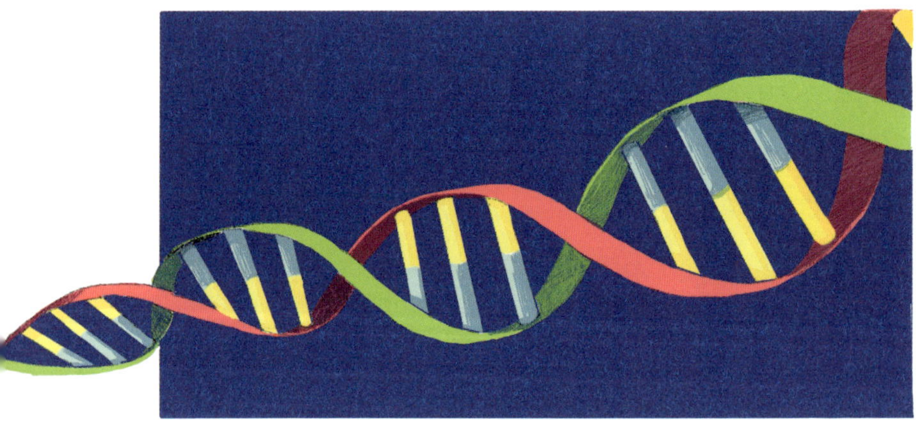

Nein, es ist nicht deine Schuld! Du kannst die Bücher in deinen Zellen nicht verändern und deswegen kannst du nichts falsch machen. Es gibt Dinge, die dem Körper helfen, sich vor Krebs zu schützen. Es ist zum Beispiel klug, sich mit Sonnencreme einzuschmieren oder einen Sonnenhut zu tragen.

Aber sehr, sehr viele Dinge sind zufällig und wir wissen bis heute nicht, warum manche Menschen Krebs bekommen und andere nicht. Denk an unser Blumenbeet: Auch wenn wir gut auf unseren Garten aufpassen, können wir nicht verhindern, dass der Wind zufällig einen Unkrautsamen hineinweht. Aber wenn ein Unkraut wächst, dann können wir es entfernen. Wir können nicht verhindern, dass beim Teilen Schreibfehler in unseren Zellen entstehen, aber wir können dem Körper helfen, die Krebszellen zu finden und zu zerstören.

Der Körper verteidigt sich

Was sind Abwehrzellen?

Du warst sicher schon einmal erkältet oder hattest Durchfall? Vielleicht hattest du Windpocken oder Husten? All diese Krankheiten entstehen, weil etwas von außen in deinen Körper gelangt. Meistens sind dies Bakterien oder Viren. Du hast Abwehrzellen in deinem Blut, die deinem Körper helfen, wieder gesund zu werden. Diese Zellen bilden das sogenannte Immunsystem.

Die Abwehrzellen haben sehr unterschiedliche Aufgaben. Einige von ihnen können Antikörper herstellen. Diese erkennen Eindringlinge, jagen sie und klammern sich an ihnen fest. Dann lösen sie Alarm aus und rufen um Hilfe. Nun eilen zum Beispiel Fresszellen herbei, die diese mit Antikörpern bedeckten Zellen erkennen und einfach auffressen, sodass die Eindringlinge verschwinden und der Körper wieder gesund wird. Unser Abwehrsystem hat außerdem schlaue Gedächtniszellen, die sich genau an die Bakterien und Viren erinnern können. Deswegen bekommt man nur einmal im Leben Windpocken. Danach erinnert sich dein Körper an den Windpockengauner und stoppt ihn, bevor er wieder Schaden anrichten kann.

Bei Krebs hat das Abwehrsystem große Probleme, weil die kranken Zellen zum eigenen Körper gehören und deswegen oft nicht als Eindringlinge erkannt werden. Sie tarnen sich zwischen all den anderen Zellen des Körpers und werden deswegen von den Abwehrzellen nicht so leicht entdeckt.

Wenn jemand krank ist, verändert sich plötzlich vieles. Für den Körper ist die Krebserkrankung sehr anstrengend. Dein Papa braucht nun viel Kraft und Energie, um mit der Krankheit fertigzuwerden. Er hat dich trotzdem sehr lieb und würde ganz sicher gern mit dir Fußball spielen. Aber erst muss sein Körper wieder gesund werden. Dafür braucht er viel Ruhe. Vielleicht könnt ihr in dieser Zeit andere Dinge machen, die nicht so anstrengend für deinen Papa sind? Wenn dir und Papa der Fußball wich-

tig ist, findet ihr vielleicht eine andere Möglichkeit, eurem Hobby nachzugehen. Schaut euch eure Lieblingsmannschaft im Fernsehen an, wettet, wie die Spiele ausgehen, und denkt euch Belohnungen aus für jedes richtige Raten. Oder findet eine Fußballaktion fürs Wohnzimmer. Es gibt viele Brettspiele, Sammelalben, Bücher und Kartenspiele rund um das Thema Fußball. Sprich mit deinem Papa und ihr findet sicher etwas Schönes, was ihr zusammen machen könnt.

Was ist der Unterschied zwischen Krebs und anderen Krankheiten?

Bei einem Schnupfen können wir oft ein paar Tage warten, dann hat das Abwehrsystem ganz alleine alle Eindringlinge entfernt und wir sind wieder fit. Bei Krebs

ist das ganz anders. Krebs ist keine Krankheit, die einfach so wieder vorbeigeht. Der größte Unterschied ist, dass Krebs nicht von außen kommt wie ein Virus oder ein Bakterium. Krebs entsteht in einer eigenen Zelle im Körper. Krebszellen können sich tarnen und genauso harmlos aussehen, wie die gesunden Zellen rundherum. Das Abwehrsystem unternimmt deshalb nichts gegen die kranken Zellen und sie können sich ungehindert vermehren. Der Körper braucht also Hilfe, um die Krebszellen zu entfernen. Deswegen kann man nicht einfach hoffen, dass der Krebs irgendwann von alleine verschwindet, sondern muss zum Arzt gehen.

Woher weiß man, dass man Krebs hat?

Manchmal kann man sehen oder fühlen, dass etwas mit dem Körper nicht in Ordnung ist. Vielleicht findet man selbst einen Knubbel, der plötzlich schnell wächst oder wehtut, oder man entdeckt ein Muttermal, das anders aussieht als die anderen. Oft kann man von außen aber überhaupt nichts sehen oder fühlen. Vielleicht merkt man trotzdem, dass etwas nicht stimmt. Man hat plötzlich Schmerzen oder es ist einem übel, man fühlt sich schwindelig oder schlapp, ohne dass man sich erklären

kann, woher es kommt. Es ist gut zu wissen, dass es für alle diese Symptome Hunderte andere Gründe gibt. Knubbel, Schmerzen oder Unwohlsein sind nur selten durch Krebs verursacht und meistens überhaupt nicht gefährlich. Trotzdem ist es immer gut, sicherzugehen und einer Ärztin genau zu beschreiben, was sich anders anfühlt. Dann haben die Ärzte nämlich viele Möglichkeiten herauszufinden, ob Krebszellen schuld sind oder ob es vielleicht nur eine Magenverstimmung ist.

Manche fürchten sich vor einem Arztbesuch, weil sie Angst davor haben, was die Ärztin finden könnte. Sie wollen es lieber nicht wissen, falls sie krank sind. Aber das kann bei Krebs sehr gefährlich sein, weil man den kranken Zellen so Zeit gibt, sich im Körper auszubreiten. Geht man hingegen zum Arzt und findet die kranken Zellen früh genug, bevor es zu viele werden, kann man den Krebs besser behandeln.

Es gibt viele verschiedene Möglichkeiten, Krebszellen im Inneren des Körpers aufzuspüren. Man kann zum Beispiel einen Bluttest machen. Manchmal kann der Arzt dann direkt im Mikroskop kranke Zellen entdecken. Oder er kann in den Blutproben nach Krebsmarkern suchen. Manche Krebszellen bauen nämlich kleine Teilchen, die von gesunden Zellen so nicht gebaut werden. Hat man viele dieser Krebsmarker im Blut, kann das ein Zeichen sein, dass sich irgendwo im

Körper kranke Zellen verstecken. Und dann macht sich der Arzt oder die Ärztin auf die Suche nach ihnen.

Krebszellen setzen sich oft in Knubbeln, sogenannten Tumoren zusammen. Nicht alle Zellklumpen sind krank oder gefährlich. Zellen können sich auch einfach so zusammenknubbeln, ohne dass sie dem Körper damit schaden. Deswegen machen Ärzte oft eine sogenannte Biopsie des verdächtigen Gewebes. Das heißt man entnimmt eine Probe und untersucht die Zellen im Labor, um zu sehen, ob sie krank sind. Um diese Knubbel zu untersuchen, muss der Arzt sie natürlich erst mal finden.

Die Ärzte und Ärztinnen haben viele geniale Möglichkeiten, in das Innere des Körpers hineinzuschauen.

Eine sehr häufig genutzte Methode ist die Untersuchung mit Ultraschall. Vielleicht hast du schon von Fledermäusen gehört und wie sie mithilfe von Echos Hindernisse entdecken? Sie geben Laute von sich und haben so empfindliche Ohren, dass sie hören, wenn die Geräusche zum Beispiel von einem Baum reflektiert werden. So können sie diesen auch in kohlrabenschwarzer Nacht umfliegen. Ärzte können wie die Fledermäuse mit Schallwellen Bilder vom Inneren des Körpers machen. Sie senden Ultraschall hinein und zeichnen die Echos mit ihren Ultraschallgeräten auf. So können sie sehen, ob die Schallwellen auf Hindernisse in Form eines Zellklumpens stoßen.

Aber nicht nur Schallwellen können uns Bilder vom Dunkel des Körperinneren schicken. Mit Röntgenstrahlen können Ärzte den Körper durchleuchten, wie einen Koffer auf dem Flughafen und so entdecken, ob irgendwo Zellklumpen sitzen, die dort nicht hingehören. Mit dem sogenannten CT können sie sogar eine ganze Reihe von solchen Röntgenbildern hintereinander machen, während sie langsam durch die Ebenen des Körpers fahren. Setzen sie diese Bilder dann zusammen, entsteht ein komplettes dreidimensionales Modell des Körperinneren.

Mit dem MRT macht man Bilder, indem man magnetische Felder untersucht. Hierfür wirst du auf einer Liege in eine große Röhre geschoben und um dich herum ein

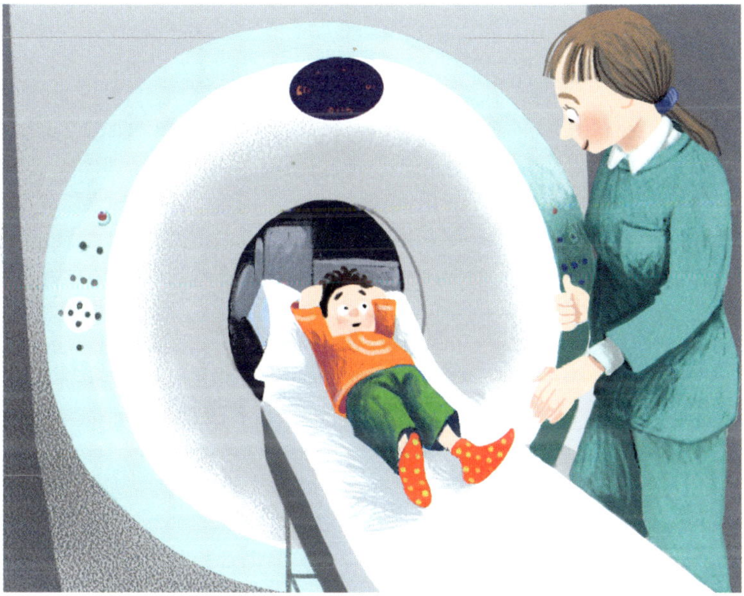

starkes Magnetfeld erzeugt. Alle Zellen reagieren dann auf ihre eigene Art und Weise auf das magnetische Feld und diese Unterschiede können vom MRT aufgezeichnet werden. Die weichen Magenzellen unterscheiden sich zum Beispiel deutlich von den harten Knochenzellen. So entsteht eine Karte voller verschiedener Zellen, die man zu einem Körperbild zusammensetzen kann. Haben sich Krebszellen in einem der Organe versteckt, können diese so schnell enttarnt werden.

Natürlich können die Ärzte auch ganz normale Bilder vom Körper machen. Genau wie du Fotos oder Videos mit deinem Handy aufnimmst. Dafür nutzen sie winzige Kameras, mit denen sie durch kleine Öffnungen in den Körper reisen können. Manche von ihnen sind so klein wie eine Tablette und du kannst sie einfach herunterschlucken. Dann reist die Minikamera den gleichen Weg wie dein Abendessen. Erst durch deine Speiseröhre in den Magen und dann durch die ganzen Gedärme, bis sie nach einigen Stunden wieder hinten herauskommt. Auf ihrer Reise durch die Höhlen und Tunnel deines Verdauungsapparates macht sie Tausende von Bildern von all den wunderbaren Zellen dort drinnen und kann so Beweisbilder liefern, wenn sich hier ein Krebstumor eingeschlichen und ausgebreitet hat. Allerdings sitzen Krebszellen nicht immer in solchen Tumoren zusammen.

Dann kann uns eine sogenannte PET-Untersuchung weiterhelfen. Hier nutzt man aus, dass Krebszellen so gierig sind und so schnell wachsen. Sie fressen nämlich viel mehr als die anderen gesunden Zellen. Beim PET-Scan füttert man den Körper mit radioaktiv markierten Teilchen, z. B. Traubenzucker. Diesen markierten Zucker kann man dann leicht im Körper wiederfinden, weil er strahlt, so hell wie Sterne in der Nacht. Und weil die Krebszellen so gierig sind, fressen sie besonders viel und strahlen deswegen besonders hell. So können sie überall im Körper enttarnt werden. Besonders cool daran ist, dass man so auch Zellen entdecken kann, die nicht fest in Knubbeln sitzen, sondern sich auf die Reise zu anderen Stellen im Körper gemacht haben.

Das sind nur einige der vielen Methoden, wie Ärztinnen Krebszellen im Körper aufspüren können.

Mit so vielen Werkzeugen, machen es die Ärzte den Krebszellen also wirklich schwer, sich zu verstecken. Und wenn man sie findet, dann kann man sie auch bekämpfen. Und je früher man sie entdeckt, desto größer sind die Chancen, sie auch zu besiegen.

Wie können wir Krebs bekämpfen?

Es gibt viele verschiedene Krebserkrankungen und Hunderte verschiedene Möglichkeiten, Krebs zu behandeln. Es ist ein Unterschied, ob man einen großen Krebsknubbel im Bauch hat, viele kleine Knubbel im Kopf oder vielleicht Krebszellen, die im Blut schwimmen. Für all das gibt es verschiedene Medikamente und Behandlungen. Du kannst dir das am besten so vorstellen, dass die Ärzte eine Art riesigen Werkzeugkoffer haben. Sie müssen nun das richtige Werkzeug finden, um genau diese eine Krebsart zu vernichten. Manchmal benutzen sie sogar mehrere verschiedene Werkzeuge gleichzeitig, um die Krebszellen aus dem Körper zu entfernen. Der Arzt muss, gemeinsam mit dem Patienten und seiner Familie, bei jedem Einzelnen entscheiden, welche Therapie am besten ist.

Auf den nächsten Seiten findest du einige wichtige Beispiele für solche Werkzeuge, die im Kampf gegen Krebs eingesetzt werden.

Kann ich mit meiner kranken Oma kuscheln?

Vielleicht hast du dich schon einmal bei jemandem angesteckt, der erkältet war? Viele Bakterien und Viren können nämlich leicht von einem kranken an den gesunden Menschen weitergegeben werden. Mit Krebs ist das ganz anders. Krebszellen entstehen aus den eigenen Körperzellen und diese können nicht in einen anderen Körper gelangen und dort überleben. Krebs ist nicht ansteckend! Deshalb ist es überhaupt nicht gefährlich, mit jemandem, der Krebs hat, zu kuscheln oder zu spielen. Es ist auch nicht gefährlich, mit ihnen in einem Raum zu sein oder Essen und Trinken zu teilen. Liebe und Freundschaft können dem Kranken sogar helfen, sich besser zu fühlen. Also kuschelt und spielt, so viel ihr wollt!

Der Körper braucht Hilfe

Was passiert bei einer Operation?

Wenn sich alle Krebszellen in einem Knubbel sammeln, können die Ärzte versuchen, diesen Tumor herauszuschneiden. Das nennen wir eine Operation. Vielleicht hast du dich schon mal geschnitten und fragst dich, ob es wehtut, wenn der Arzt etwas aus dem Körper herausschneidet? Vor einer Operation bekommt man ein sehr starkes Betäubungsmittel, meistens ist es so stark, dass man einfach einschläft. Man merkt dann gar nicht, was der Arzt bei der Operation mit dem Körper macht. Wenn der Tumor entfernt wurde, näht der Arzt alles ganz ordentlich wieder zusammen, damit die Wunde gut heilen kann. Wenn die Ärzte alle Krebszellen entfernt haben, ist wieder genug Platz für die gesunden Zellen.

Manchmal ist es schwierig, den ganzen Tumor auf einmal zu entfernen. Und manchmal verstecken sich die Krebszellen an Stellen, wo die Ärzte nicht operieren können, weil sie sonst vielleicht wichtigen gesunden Zellen schaden würden. Deswegen ist es gut, dass die

Ärzte und Ärztinnen noch viele andere Möglichkeiten haben, die Krebszellen aus dem Körper zu vertreiben.

Alle, die im Operationssaal arbeiten, sind so angezogen. Es ist eine Schutzkleidung gegen Viren und Bakterien. Keine Angst, also. Darunter stecken Menschen, die dir helfen wollen.

Muss ich jetzt immer lieb zu meinem kranken Bruder sein?

Vielleicht glaubst du, dass du immer stark und lieb sein musst, weil du selber gesund bist. Oder du fühlst dich selbst ein bisschen unsichtbar. Geht es dir manchmal auf die Nerven, dass dir alle so schwierige Fragen über deinen Bruder stellen? Vielleicht bist du manchmal richtig sauer auf deinen Bruder, weil sich alles nur um ihn dreht? Fühlst du dich deswegen schlecht, weil du ihn gleichzeitig so unglaublich lieb hast und so sehr wünschst, dass er wieder gesund wird? Das sind ganz normale Gefühle, die viele Geschwister haben. Denk daran, dass dein Bruder nichts dafür kann, dass er krank ist. Er versucht mit ganzer Kraft, wieder gesund zu werden. Dein Bruder braucht die Unterstützung deiner Eltern jetzt ganz besonders. Vielleicht hat er Angst vor einer Operation oder es geht ihm wegen der Medikamente schlecht. Deine Eltern lieben dich genauso, auch wenn sie momentan mehr Zeit mit deinem Bruder verbringen müssen. Sag ihnen, dass du sie vermisst. Vielleicht könnt ihr ein bisschen Zeit für dich finden? Bei einer gemeinsamen Lesestunde oder einem Spieleabend beispielsweise.

Was ist eine Chemotherapie?

Eine der wichtigsten Krebsbehandlungen nennt man Chemotherapie. Bei dieser Behandlung benutzen Ärzte ein sogenanntes Zellgift, das alle Zellen zerstört, die sich sehr schnell teilen. Deswegen wirkt dieses Gift gut gegen Krebszellen. Die Chemotherapie ist sehr anstrengend für den Körper und die Kranken brauchen danach oft viel Ruhe und Erholung. Das Gift kann nämlich auch einige der gesunden Zellen im Körper beschädigen. Deswegen wird den Patienten oft übel und sie bekommen Bauchschmerzen oder verlieren ihre Haare.

Auch die Abwehrzellen können durch die Chemotherapie beschädigt werden. Das bedeutet, dass der Körper während dieser Therapie besonders empfindlich ist und sich nicht gut verteidigen kann. Deshalb muss man besonders vorsichtig sein, dass keine Bakterien oder Viren in den Körper gelangen. Aber auch wenn diese Therapie hart und unangenehm sein kann, musst du keine Angst haben. Wenn die Behandlung vorbei ist, vergehen die Übelkeit und Schmerzen wieder und auch die Haare kommen zurück. Und dann kann der Körper wieder gesund werden.

Ääääh, mir ist ganz schlecht. Kann mich gar nicht mehr teilen.
Mir auch ...

Vielleicht hat dich mal jemand an den Haaren gezogen und das tat ziemlich weh? Dann ist es gut zu wissen, dass es überhaupt nicht wehtut, die Haare wegen der Chemotherapie zu verlieren. Alle Menschen verlieren jeden Tag ungefähr 80 Haare, ohne es zu merken. Stell dir einfach vor, deine Haare fahren in den Urlaub. Sie kommen nämlich zurück, wenn du wieder gesund bist.

Auf geht's
nach Mallorca.
ZUM HAIRPORT

Manche Kinder lachen über Dinge, die ihnen fremd sind oder die sie nicht verstehen. Wenn dich jemand auslacht, hilft es oft, demjenigen zu erklären, warum du die Haare verloren hast. Wenn du das schwierig findest, kannst du auch einen Erwachsenen bitten, dir dabei zu helfen. Manche Kinder finden übrigens, dass es ganz schön stark aussehen kann ohne Haare auf dem Kopf. Ein Kind fand die Glatze seines kranken Papas so cool, dass es gern die gleiche Frisur haben wollte. Und andere Kinder fanden es super, den ganzen Tag mit ihrer Lieblingskappe herumzulaufen. Und ich bin ganz sicher, dass deine Familie und deine Freunde dich ohne Haare genauso lieb haben und zu dir stehen!

Krank
oder cool?
Beides!

Was passiert bei einer Strahlentherapie?

Manchmal benutzen die Ärzte ganz besondere Strahlen, um Krebszellen zu zerstören. Diese sind ein bisschen wie die Lichtstrahlen einer Taschenlampe, nur viel, viel

stärker. Stell dir vor, wie warm es im Sommer werden kann. Dann weißt du, dass zum Beispiel Sonnenstrahlen richtig brennen können. Anders als die Sonnenstrahlen, die sich tagsüber über die Erde verteilen, werden die Medizinstrahlen von einer Maschine zu einem ganz dünnen Strahl gebündelt. Vielleicht hast du schon mal gehört, dass man Sonnenstrahlen mit einer Lupe sammeln und bündeln kann? Dann werden sie so heiß, dass man damit sogar ein Feuer machen kann. Die Ärztinnen können mit den gebündelten Medizinstrahlen wie

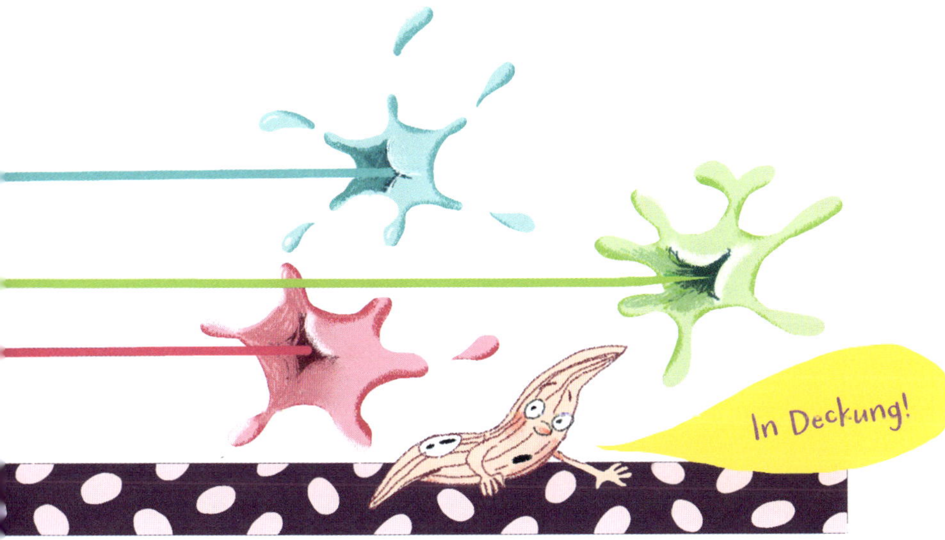

mit einer Laserpistole genau auf die kranken Zellen im Körper schießen und versuchen, den Krebstumor zu verbrennen. Sie sind dabei sehr vorsichtig und bemühen sich, nur die Krebszellen zu treffen. Manchmal können trotzdem einige der gesunden Zellen beschädigt werden. Dann kann man Kopfschmerzen bekommen, Haare verlieren oder den Patienten wird übel. Aber diese Beschwerden gehen meist recht schnell wieder vorbei. Denk daran, wie fantastisch es ist, dass die Krebszellen durch diese Strahlen zerstört werden können.

Kann Krebs zurückkommen? Was kann ich tun, damit ich nie wieder krank werde?

Es gibt viele Möglichkeiten, Krebszellen zu entfernen. Wenn der Krebs weg ist, kannst du ein großes Fest feiern. Genieß das Gefühl, dass du wieder gesund bist. Es war sicher ein anstrengender Weg, aber du hast es geschafft und kannst stolz auf dich und deinen Körper sein. Trotzdem ist es wichtig, dass du regelmäßig zur Kontrolle zum Arzt gehst, um sicher zu sein, dass alle Krebszellen verschwunden sind. Wenn er keine kranken Zellen findet, kannst du wieder nach Hause fahren und dich freuen. Falls sich einige Krebszellen versteckt haben, müssen diese schnell entfernt werden, bevor es wieder zu viele werden. Darum musst du unbedingt Bescheid sagen, wenn du dich wieder schlechter fühlst, und nicht einfach hoffen, dass es von alleine wieder vorbeigeht. Dann können die Ärzte alle neuen Krebszellen aufspüren und zerstören, bevor sie dem Körper schaden können.

Was ist eine Immuntherapie?

Erinnerst du dich, was du über das Immunsystem des Körpers gelesen hast? Weißt du auch noch, dass es für den Körper schwierig sein kann, getarnte Krebszellen zu erkennen? Doch die Ärzte können den Abwehrzellen helfen. Forscher haben eine Medizin entwickelt, die Antikörper enthält. Diese „Krebsjäger“ können bestimmte Krebszellen erkennen und sich an sie klammern. Manche Antikörper können die kranken Zellen dann direkt zerstören. Andere senden Alarmsignale aus. Dann eilen die Abwehrzellen herbei und entfernen alle Krebszellen, an denen Antikörper kleben, ohne die gesunden Zellen darum herum zu beschädigen. Leider gibt es noch keine Möglichkeit, für all die vielen verschiedenen Krebsarten Antikörper herzustellen. Aber auf der ganzen Welt arbeiten Forscher jeden Tag daran und es werden mehr und mehr neue Antikörper gegen Krebs gefunden.

Lalülala
Wir haben eine.
Ups

Kann ich meiner kranken Mama helfen? Sie ist so schlapp.
Warum ist Papa immer müde? Wie kann ich ihn wieder froh machen?

Es ist die Aufgabe der Ärzte, euren Eltern zu helfen, die Krankheit zu besiegen. Aber ihr könnt sie auf andere Weise unterstützen. Vielleicht hilft eine liebe Umarmung am Morgen? Du kannst die schönste Blume im Garten pflücken und neben das Krankenbett stellen. Oder du malst ein Bild von euch und hängst es an die Wand. Du kannst von all den schönen Dingen erzählen, die ihr zusammen erlebt habt. Es kann auch helfen, gemeinsam von der Zukunft zu träumen. Du kannst eine Liste mit Dingen schreiben, die ihr zusammen machen wollt, wenn der Krebs weg ist. Oder du kannst ganz still dasitzen und einfach nur Mamas oder Papas Hand halten. Manchmal ist die größte Hilfe nämlich, den Kranken einfach Zeit zu geben, wieder gesund zu werden. Vielleicht wünschen sie sich, dass es ganz still ist und sie schlafen und sich ausruhen können. Frag sie doch einfach selbst, denn sie wissen am besten, was sie am meisten brauchen.

Was ist eine Stammzelltherapie?

Wenn Kinder Krebs bekommen, sind oft kranke Abwehrzellen im Blut schuld. Sie fangen an, sich viel zu schnell zu teilen und helfen dem Körper nicht mehr, sich zu verteidigen. Den anderen Zellen im Blut bleibt nicht genügend Platz und sie können nicht mehr ordentlich arbeiten.

Ärzte wissen, wie sie die kranken Zellen aus dem Blut entfernen und neue gesunde Zellen einsetzen. Diese neuen Zellen nennen wir Stammzellen und sie sind etwas ganz Besonderes. Stammzellen können sich nämlich in alle Zellen verwandeln, die du im Blut brauchst. Aus einer gesunden Stammzelle können so Abertausende neue gesunde Blutzellen entstehen. Diese können dann wieder Sauerstoff zu allen Zellen bringen, Verletzungen reparieren und den Körper gegen Krankheiten verteidigen. Wenn die neuen Zellen mit ihrer Arbeit beginnen, kann der Körper wieder ganz gesund werden.

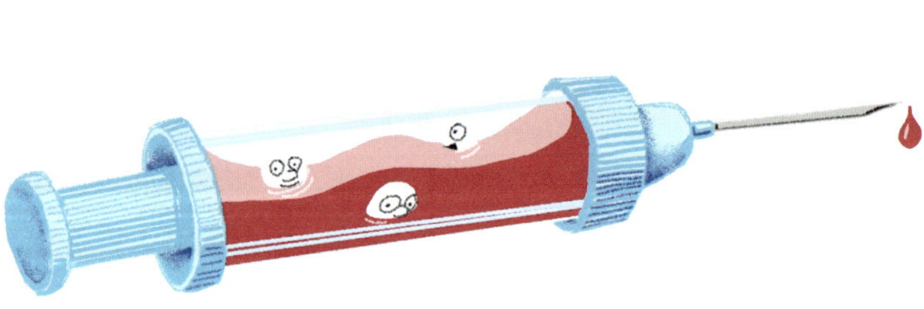

Woher kommen die neuen Stammzellen?

Vielleicht hast du schon mal gehört, dass man Geld spenden kann, damit Kinder in armen Ländern Essen bekommen oder in die Schule gehen können? Es gibt auch Menschen, die kein Geld, sondern Blut- oder Stammzellen spenden, weil sie gerne kranken Menschen helfen möchten, wieder gesund zu werden. Meistens kommen die neuen Stammzellen für die Krebstherapie von solchen gesunden Menschen, sogenannten Spendern. Damit der Körper die neuen Zellen akzeptiert und nicht als Eindringlinge bekämpft, müssen die neuen Stammzellen den eigenen Zellen sehr, sehr ähnlich sein. Deswegen kann man meistens nicht einfach die Zellen von einem Familienmitglied oder seinen Freunden bekommen, sondern muss einen Menschen finden, der möglichst gleiche Zellen hat.

Wenn du Krebs hast, fühlst du dich vielleicht anders als alle anderen. Oft wünschst du dir, einfach wieder wie früher zu sein. Du musst dich aber auch nicht schämen, wenn du dich verändert hast, dir jetzt anderes wichtig ist. Du hast Dinge erlebt, von denen viele andere nichts wissen. Und sicher war nicht alles davon schrecklich. Du hast gesehen, wie sehr dich deine Familie liebt und wie viele Menschen dir helfen wollen. Ihr habt viel Zeit miteinander verbracht und seid euch durch deine Krankheit vielleicht viel näher gekommen. Es kann also sein, dass du stärker oder glücklicher als andere bist, weil du einen schweren Kampf gewonnen hast.

Denk daran, dass es immer erlaubt ist, Pläne für die Zukunft zu machen. Der Krebs kann dir deine Träume nicht nehmen. Du kannst dir eine Wunschliste schreiben, auf der du alles sammelst, was du machen möchtest, wenn du wieder gesund bist. Auch kleine und lustige Dinge: im Meer baden, mit Papa ein Wettrennen im Wald machen, mit deinem kleinen Bruder eine ganze Packung Eis aufessen oder mit deiner großen Schwester allein ins Kino gehen. Du kannst dir die Liste anschauen und dich auf den Tag freuen, an dem es dir wieder besser geht.

Gibt es eine Impfung gegen Krebserkrankungen?

Du hast bestimmt schon vom Impfen gehört. Vielleicht hast du sogar selbst eine Spritze bekommen? Dann weißt du sicher, dass eine Impfung uns vor gefährlichen Krankheiten schützen kann. Aber wie funktioniert das eigentlich? Und kann uns eine solche Impfung auch vor einer Krebserkrankung schützen?

Um uns herum gibt es Abermillionen verschiedener Bakterien und Viren. Viele sind für uns komplett ungefährlich, aber einige können uns sehr krank machen. Zum Glück kann der Körper die meisten von ihnen ohne Probleme bekämpfen. Nach kurzer Zeit werden die Eindringlinge von den Zellen des Abwehrsystems entdeckt und eine spannende Jagd beginnt. Während die Viren sich rasant vermehren und drohen den Körper zu überschwemmen, versuchen deine Abwehrzellen die Schurken zu fangen und unschädlich zu machen. Dafür bilden sie Millionen von kleinen Antikörpern aus. Diese Antikörper sind darauf spezialisiert, genau dieses eine Virus zu erkennen. Besonders großartig an unserem Abwehrsystem sind unsere Gedächtniszellen. Sie merken sich genau, wie die Eindringlinge aussehen. Beim nächsten Mal können sie diese sofort enttarnen und bauen blitzschnell große Mengen von Antikörpern, die sich an die Schurken heften und Alarm auslösen. So kannst du nicht noch einmal vom gleichen Virus krank werden. Das ist der Grund, warum du Windpocken zum Beispiel nur ein einziges Mal im Leben bekommst. Forscher haben einen Weg gefunden, wie man diese Fähigkeit des Abwehrsystems nutzen kann: die Impfung. Das funktioniert so:

Impfstoffe werden meist aus toten Viren oder kleinen Virusbruchstücken hergestellt. Manchmal nutzt man sogar nur einen Auszug des Virus-Bauplans. Diese sogenannte mRNA ist wie ein einzelnes Kapitel aus dem großen Virusbuch. Sie kann von den Körperzellen aufgenommen werden, die dann kleine Teilchen des Virus bauen. Die toten oder unvollständigen Bruchstücke des Virus sind für uns ungefährlich. Sie sind jedoch so andersartig, dass das Abwehrsystem sie sofort als fremd erkennt und beginnt, Antikörper herzustellen. Ab jetzt überwachen diese deinen Körper und suchen nach dem Virus. Kommt nun das lebende echte Virus in deinen Körper, ist er bereit. Blitzschnell erinnern sich die Gedächtniszellen wieder und der Körper produziert massenweise Antikörper. Diese zerstören die Viren, bevor sie sich vermehren und Schaden anrichten können. So kann ein kleiner Pikser verhindern, dass du schwer krank wirst.

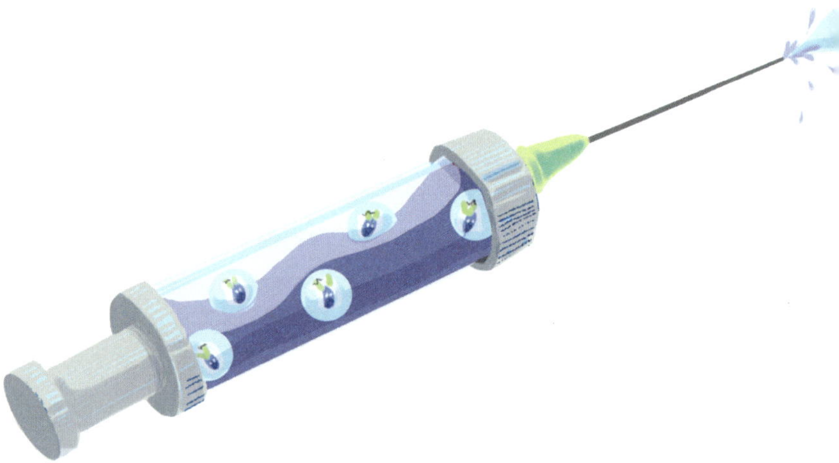

Kann man direkt gegen Krebs impfen?

Die Antwort ist leider nicht ganz einfach. Wir können uns nämlich nicht direkt gegen Krebszellen impfen. Es gibt jedoch Impfungen gegen Viren, die Krebs auslösen können. Manche Viren können die Zellen im Körper so krank machen, dass sie zu Krebszellen werden. Eine

dieser Viren nennt sich Humaner Papilloma Virus oder kurz HPV. Die allermeisten Menschen werden im Laufe ihres Lebens mit diesem Virus angesteckt. Oft merkt man es gar nicht, weil das Virus uns nicht direkt krank macht. Es nistet sich unauffällig in den Zellen ein, ohne vom Abwehrsystem entdeckt zu werden. Hier schleust es seinen eigenen Bauplan in die Körperzellen ein, die nun anfangen, neue Viren zu bauen. Manchmal baut sich dieser virale Bauplan fest in das DNA-Buch der Körperzellen ein und da kann es passieren, dass Fehler im Buch entstehen und die Zellen krank werden. Wenn diese kranken Zellen ihre Aufgaben nicht mehr erfüllen und ungebremst immer weiterwachsen, ist der ganze Körper in Gefahr. HPV ist ein Grund, dass viele Menschen jedes Jahr an Krebserkrankungen sterben.

Das wollten Forscher nicht akzeptieren und sie fanden einen Weg, das Abwehrsystem gegen HPV auszurüsten. Sie spritzen eine leere HPV-Hülle ins Blut, die für den Körper ungefährlich, aber sehr fremdartig ist. So kann

der Körper Antikörper bilden, ohne selbst in Gefahr zu sein. Kommt nach der Impfung ein echtes HPV in den Körper, ist er vorbereitet und der Körper kann es besiegen, bevor das Virus die Kontrolle über deine Zellen übernimmt.

Leider kann man nicht gegen alle Krebsarten impfen, weil Krebs nicht nur durch Viren entstehen kann. Hautkrebs zum Beispiel kann durch zu viel Sonnenlicht ausgelöst werden. Deswegen ist es wichtig, sich mit Sonnencreme einzuschmieren. Es hilft deinem Körper auch, wenn du dich gesund und ausgewogen ernährst und dich ausreichend bewegst und Sport machst.

Gesund werden

Wie lange dauert eine Krebserkrankung?

Da die Krebserkrankung bei allen Menschen sehr unterschiedlich verläuft, kann man niemals genau sagen, wie schnell jemand wieder gesund wird. Man kann zum Beispiel nach einer einzelnen gelungenen Operation schon wieder komplett genesen sein. Viele der hier beschriebenen Behandlungen dauern allerdings lange Zeit und die Kranken kämpfen Monate oder sogar Jahre lang gegen den Krebs. Manchmal gelingt es den Ärztinnen nicht, die kranken Zellen zu entfernen, aber sie schaffen es, zu verhindern, dass sie sich weiter teilen und Schaden im Körper anrichten. Dann können die Patienten viele Jahrzehnte lang ein gutes Leben führen, obwohl sie immer noch Krebszellen im Körper haben. Man muss dann oft zum Arzt gehen um sicherzustellen, dass die Zellen nicht wieder anfangen sich zu vermehren.

Bei manchen Menschen können die Ärzte alle Krebszellen entfernen, aber sie fühlen sich trotzdem noch krank. Eine Krebsbehandlung ist oft sehr anstrengend und viele haben Angst, an Krebs zu sterben. Es ist also ganz normal, dass viele, die eigentlich wieder gesund sind, noch lange Zeit brauchen, bis sie sich wieder wirklich fit fühlen. Und manche haben noch Jahre später Angst, dass der Krebs zurückkommt.

Zum Glück werden heute die allermeisten Kinder mit Krebs wieder gesund. Der Weg dorthin ist für sie aber oft sehr lang und unvorstellbar anstrengend. Sie verbringen viel Zeit im Krankenhaus und sind oft sehr lange viel zu schwach, um in die Schule zu gehen. Wenn der Krebs dann besiegt ist und sie wieder zurückkommen, ist das für viele eine schwierige Situation.

Du weißt sicher selber, wie komisch es ist, nach den Sommerferien wieder im Klassenzimmer zu sitzen und wie schwierig es plötzlich ist, so schrecklich früh aufzustehen und statt am Strand zu liegen, plötzlich Hausaufgaben zu machen? Deine Freundin muss sich erst wieder in den normalen Alltag einfinden. Und sie hat keine Ferien mit Palmen und Hotels hinter sich, sondern eine harte Zeit mit Ärzten und in Krankenhäusern.

Wenn deine Lehrerin entscheidet, dass die Hausaufgaben für deine Freundin im Moment zu anstrengend sind, dann hat sie sicher einen Grund dafür. Manchen Kindern geht es zum Beispiel durch die starke Medizin noch lange sehr schlecht. Sie bekommen vielleicht Kopfschmerzen, wenn sie zu lange lesen, oder es fällt ihnen schwer, sich zu konzentrieren und lange still zu sitzen. Gerecht ist nicht, dass alle gleich behandelt werden, sondern dass alle so behandelt werden, dass es ihnen gleich gut geht.

Vielleicht denkst du, deine Freundin sollte froh sein, dass sie wieder gesund ist. Aber vielleicht kannst du auch verstehen, dass sie manchmal extrem sauer und frustriert ist, dass es ihr überhaupt so schlecht ging. Vielleicht fühlt sie sich wie ein Außenseiter, weil sie Dinge erlebt hat, die ihr euch gar nicht vorstellen könnt. Dann braucht sie gerade jetzt deine Unterstützung und dein Verständnis.

Kann man wieder gesund werden?

Die allermeisten Menschen mit Krebs können wieder gesund werden. Wenn alle Krebszellen entfernt sind, kann man oft ein ganz normales und gutes Leben führen. Forscherinnen, Ärzte und Krankenschwestern sind sehr gut darin geworden, dem Körper zu helfen und es gibt heute viele verschiedene Möglichkeiten, Krebs zu besiegen.

Manche Krebskrankheiten können heute noch nicht geheilt werden. Da ist es wichtig zu wissen, dass in der ganzen Welt Forscher und Ärztinnen jeden Tag daran arbeiten, eine Lösung zu finden. Sie haben es bereits geschafft, viele Hunderte verschiedene Krebsmedikamente zu entwickeln. Deswegen gibt es immer Hoffnung, dass jemand eine neue Behandlung findet, die helfen kann. Und man darf immer von einer Zukunft ohne Krebs träumen.

Es ist ganz normal, dass man starke Gefühle hat, wenn jemand in der Familie schwer krank wird. Alle Menschen reagieren darauf sehr unterschiedlich. Manche werden sehr wütend, manche werden sehr traurig und weinen viel. Andere machen sich so große Sorgen, dass sie nachts nicht mehr schlafen können. Manche tun am liebsten so, als wäre alles wie vorher, und wollen gar nicht darüber sprechen. Vielleicht hast du sogar all diese Gefühle schon selbst erlebt? Das ist vollkommen in Ordnung und normal. Versuche, den Menschen um dich herum zu erklären, was du dir wünschst. Du kannst sagen, dass du eine Pause brauchst und gerade nicht darüber sprechen möchtest. Vielleicht hilft es deinem Papa sogar, wenn er weiß, dass du nicht nur an seinen Krebs denkst. Er hat dich lieb und will, dass du glücklich bist. Du darfst und sollst die Krankheit also auch mal vergessen! Versuche, dich zwischendurch an all die schönen Dinge zu erinnern, die es immer noch gibt. Du kannst mit Freunden spielen, fernsehen und zwischendurch auch einfach mal wieder froh und lustig sein.

Kann man an Krebs sterben?

Es ist sehr wichtig zu wissen, dass jede Krebskrankheit anders ist. Viele, die Krebs haben, können heutzutage wieder gesund werden. Manchmal gelingt es jedoch nicht, alle Krebszellen zu entfernen oder das Wachstum zu stoppen. Deshalb gibt es auch immer wieder Menschen, die an einer Krebserkrankung sterben. Das ist für dich vielleicht eine Vorstellung, die dir Angst macht. Es ist schlimm, einen geliebten Menschen zu verlieren und es ist ganz normal, dass du darüber sehr traurig bist.

Der Tod muss aber nicht nur schrecklich und unheimlich sein. Er ist ein ganz natürlicher Teil des Lebens. Alle Menschen sterben irgendwann. Manche nennen dies den Kreislauf der Natur. Alles, was lebt, wird sterben und neues Leben kann entstehen. Es gibt große Unterschiede, wie alt die Dinge in der Natur werden. Schildkröten leben zum Beispiel bis zu 200 Jahre, während Mäuse selten älter als 6 Jahre werden und manche Schmetterlinge leben sogar nur 2 Wochen.

Was der Tod wirklich bedeutet, ist sehr schwer vorstellbar. Du brauchst keine Angst zu haben, nachzufragen und über deine Gedanken zu sprechen. Es kann sein, dass auch die Erwachsenen nicht auf alle Fragen eine Antwort haben. Es gibt nämlich viele verschiedene Ideen und Gedanken darüber, was mit uns nach dem Tod geschieht. Manche glauben zum Beispiel, dass nach dem Tod eine Art neues Leben beginnt. Andere glauben, dass nur der Körper stirbt und unsere Seele bestehen bleibt.

Viele sagen, wir werden zu Erde und zu einem Teil der Natur. Manche sagen, dass wir in den Herzen und Erinnerungen unserer Lieben weiterleben. Es gibt Religionen, die glauben, wir kommen zu Gott und leben weiter im Himmel oder Paradies. Andere Religionen sagen, dass wir wieder neu geboren werden. Einige Menschen denken, wir können als eine Art Geist auf der Erde bleiben. In manchen Ländern sind die Menschen nicht traurig, wenn jemand stirbt. Sie feiern ein großes Fest, weil sie glauben, dass für den Toten eine neue Reise beginnt.

Jeder Mensch kann selbst bestimmen, was er glauben möchte. Vielleicht sitzt deine kleine Schwester als Engel im Himmel und passt auf dich auf? Vielleicht spielt dein lustiger Opa freche Streiche als Poltergeist? Vielleicht besucht dich deine Mama, wenn du schläfst? Lauscht sie deinen Träumen und du kannst ihr alles sagen? Oder hast du eine ganz andere Idee, was mit uns nach dem Tod passiert? Versuche sie aufzuschreiben oder zu malen. Oft tut es gut, diese Gedanken mit jemandem zu teilen. Dadurch kommt einem der Tod weniger unheimlich vor.

Was passiert mit dem Körper, wenn wir sterben?

Wenn jemand stirbt, hören alle Zellen im Körper auf zu leben. Das Herz hört auf zu schlagen, die Haare hören auf zu wachsen, das Gehirn hört auf zu denken. Wenn alle Zellen ihre Arbeit einstellen, kann der Tote nichts mehr fühlen. Deswegen werden die Toten weder hungrig noch durstig und sie frieren nicht. Sie denken nicht mehr und es wird ihnen auch nicht langweilig. Sie brauchen kein Licht, weil die Augen nicht mehr sehen. Es kann so wirken, als würden die Toten schlafen, aber sie atmen nicht mehr. Deswegen brauchen sie weder Luft noch Essen noch Trinken. Die Toten fühlen auch keine Schmerzen. Wenn man stirbt, wird alles vollkommen still.

Wenn ein Mensch stirbt und das Herz kein Blut mehr durch den Körper pumpt, hören alle Zellen im Körper auf zu funktionieren. Ohne Nahrung und Sauerstoff können sie nicht mehr weiterleben und es werden auch keine neuen Zellen mehr hergestellt. Deshalb wird deine Mutter nicht zurückkommen. Aber deine Mama wohnt immer noch in deinem Herzen. Du kannst mit ihr sprechen oder ihr einen Brief schreiben, den du unter dein Kissen legst. Wenn du auf dein Herz hörst, weißt du vielleicht auch,

was deine Mama dir sagen würde? Vielleicht kannst du ein kleines Mamabuch basteln. Hier kannst du Bilder malen und alles aufschreiben, was du ihr sagen möchtest. Du kannst Fotos einkleben und eure gemeinsamen Erinnerungen sammeln. Dieses Buch kann dein Geheimnis sein, das niemand anderes lesen darf. Oder du kannst das Buch mit anderen teilen und alle können ihre Erinnerungen an deine Mama hineinschreiben. So kannst du zum Beispiel von Papa und Oma Geschichten über deine Mama sammeln, die du vielleicht selber noch gar nicht kanntest. Das kann eine schöne Art sein, dich deiner Mama nah zu fühlen.

Nachwort für die Erwachsenen

Wie kann dieses Buch helfen?

Jedes Kind, jede Familie und jede Krankheitssituation ist anders. In diesem Buch erkläre ich die biologischen und medizinischen Grundlagen einer Krebserkrankung und beantworte typische Fragen von Kindern, die mit einer Krebserkrankung konfrontiert waren. Die Antworten darauf ermöglichen Kindern, über die Krankheit und über ihre eigenen, ganz persönlichen Fragen zu sprechen.

Auch wenn jedes Kind die Krebserkrankung in der Familie unterschiedlich erlebt, so gibt es doch einige Ratschläge von Fachleuten, die den meisten Kindern helfen können. Experten empfehlen zum Beispiel, mit Kindern offen über die Erkrankung zu sprechen. Dabei bietet dieses Buch wertvolle Unterstützung für Familien. Es kann die Familie durch die schwierige Zeit von Diagnose und Therapie begleiten und bietet viele Anlässe, auch über die Zukunft und alle damit verbundenen Hoffnungen, Sorgen und Ängste zu sprechen.

Nicht nur Kinder haben Tausende von Fragen zu

Krebs. In meiner Arbeit mit Familien ist mir schnell klar geworden, dass auch Erwachsene viele Fragen haben. Wie kann ich mit meinem Kind sprechen? Was kann und soll ich sagen? Wann ist der richtige Zeitpunkt? Wie verhalte ich mich gegenüber Freunden, Lehrern und anderen Eltern? Was sind normale kindliche Reaktionen? Warum wirkt mein Kind so gleichgültig? Warum ist mein Kind so wütend und nicht traurig? Warum will mein Kind nicht mit mir sprechen? Sollte ich Hilfe holen und wo finde ich sie? Wie kann ich mein Kind möglichst gut durch diese schwierige Lebensphase begleiten?

Was ist so besonders an Krebs?

Kinder verstehen schnell, dass eine Krebserkrankung anders ist als andere Krankheiten. Sie merken sehr rasch, wenn Erwachsene sich Sorgen machen. Sie fragen sich zum Beispiel: „Warum flüstern sie hinter meinem Rücken oder haben Tränen in den Augen, wenn sie denken, ich schaue nicht hin?“. Wenn sie nur vage Antworten auf ihre Fragen bekommen, sind sie schnell frustriert oder unsicher und fühlen sich ausgeschlossen.

Oft ist es für sie einfacher, die Wahrheit zu kennen, als die Unsicherheiten und Ängste auszuhalten, die durch

Kinderfantasien entstehen können. Um zu verstehen, was im eigenen Umfeld passiert, sind kindgerechte und dennoch richtige Informationen wichtig. Fachleute empfehlen daher, dass wir möglichst offen mit der Krebserkrankung umgehen.

Wie ehrlich soll ich sein?

Kindern ist meist nicht geholfen, wenn wir versuchen, sie zu schonen. Im Gegenteil kann die Offenheit der Eltern das Vertrauen des Kindes stärken. Wenn wir hingegen Informationen zurückhalten oder falsche Hoffnungen wecken, führt dies zu Misstrauen. So sollten Eltern z. B. vermeiden, Versprechungen zu machen, die sie eventuell nicht halten können, nur um das Kind zu beruhigen. Natürlich müssen die Informationen, die Erwachsene dem Kind geben, das Alter des jeweiligen Kindes berücksichtigen. Je älter das Kind, desto mehr Details lassen sich durch Ärzte und Eltern erklären. Je mehr sachliche Information die Kinder bekommen, desto weniger Platz bleibt für Ängste und bedrohliche Fantasien. Oft sind Kinder belastbarer, als wir Erwachsenen denken, und Offenheit kann ihnen helfen, die Situation besser einzuordnen und zu verarbeiten.

Fachleute raten außerdem, offen mit den eigenen Gefühlen umzugehen. Manche Erwachsenen denken, dass sie für ihre Kinder nun stark sein müssen, und versuchen, ihre eigenen Gefühle nicht zu zeigen. Experten sagen jedoch, dass Kinder durch die Offenheit der Eltern lernen, dass auch sie ihren Gefühlen freien Lauf lassen dürfen. Wir machen es ihnen so leichter, mit uns ins Gespräch zu kommen. Wenn Vater oder Mutter z. B. niemals weinen, wird die eigene Trauer oder Angst unter Umständen vom Kind als Schwäche empfunden, für die es sich schämt, die es verstecken möchte und in sich aufstaut.

Wann sollte ich mein Kind informieren?

Es gibt keine festen Regeln, wann ein guter Zeitpunkt für das erste Gespräch über die Krebserkrankung ist. Wichtig ist, dass die Diagnose gesichert sein sollte, um keine falschen Ängste aufkommen zu lassen. Auch wenn frühzeitige Offenheit empfohlen wird, so ist es dennoch wichtig, dass man sich nicht unter Druck setzen lässt, sondern sich selbst Zeit gibt, die Diagnose erst einmal zu verarbeiten. Man sollte sich emotional stabil genug fühlen, das Kind und seine Fragen in den Mittelpunkt stellen zu können. Für viele Betroffene ist dieser Schritt, das erste Mal über die Erkrankung zu sprechen, nicht leicht. Oft ist es hilfreich, sich hierfür Unterstützung zu holen. Diese findet man zum Beispiel bei psychosozialen Krebsberatungsstellen; viele Krankenhäuser haben auch einen psychoonkologischen Dienst. Auch die Deutsche Krebshilfe hat viele Informationen zusammengestellt, die Familien bei diesen Gesprächen unterstützen können.

Wie soll ich mit meinem Kind über Krebs sprechen?

Wenn wir mit Kindern über Krebs reden, ist es sehr wichtig, darauf zu achten, wie wir mit ihnen sprechen und welche Begriffe wir wählen. Die „bösen Krebszellen" in Mamas Brust kombiniert mit der offensichtlichen Angst und Trauer der Erwachsenen können in der Kinderfantasie schnell zu einem gefährlichen Monster mutieren, das die Mutter von innen verzehrt. Deswegen ist es oft hilfreich, über Krebs auf einer sachlichen, biologischen Ebene zu sprechen. Es ist natürlich wichtig, dass wir mit den Kindern altersgerecht umgehen und sie nicht mit medizinischen Fakten überschütten. Es gibt viele Bilder aus dem Alltag, die Kindern helfen können, die Krebskrankheit zu verstehen. Am wichtigsten ist zu betonen, dass Krebszellen nicht böse, sondern krank sind. In diesem Buch vergleiche ich sie mit Unkraut, das im

Garten wächst. Niemand würde behaupten, dass der Löwenzahn bösartig ist, weil er unseren Rasen zerstören will. Er wächst dort, weil der Wind seinen Samen dorthin getragen hat und weil Sonne und Regen ihm Nahrung geben. Auch die Krebszellen wachsen nicht aus Boshaftigkeit und niemand trägt Schuld an der Entstehung einer Krebskrankheit. Es gibt so viele Faktoren, die wir nicht vollkommen erklären können, die eine Zelle krank machen. Und so, wie wir das Unkraut aus dem Rasen ziehen, können wir versuchen, die Krebszellen aus dem Körper zu entfernen.

Was sage ich, wenn ich die Antwort selbst nicht weiß?

Kinder erwarten nicht, dass wir Erwachsenen auf alles eine Antwort haben, aber es hilft, wenn wir mit ihnen gemeinsam nach Lösungen suchen. Dann merken sie, dass sie ernst genommen werden. Es kann für ein Kind sehr heilsam sein, wenn es Ängste, Wünsche und Träume teilen kann, auch ohne unverrückbare Antworten geliefert zu bekommen. Für viele Erwachsene sind Gespräche über Krebs und besonders über den Tod sehr schwierig. Aber wenn der erste Schritt geschafft ist, helfen uns die Kinder meist auf ihre eigene Art und

Weise, mit dem Thema umzugehen. Oft haben sie grandiose Vorstellungen: Sie erzählen vom Wolkentanz der Engel und wie ihr toter Opa bei Regen grinsend auf die Erde pinkelt. Sie gießen die Blumen auf dem Grab und sehen, wie ihre Oma als Rose wieder aus dem Boden wächst. Sie malen Bilder und erzählen mit Leichtigkeit Geschichten von anderen Welten, die für uns trauernde Erwachsene selbst sehr tröstend sein können.

Warum will mein Kind nicht mit mir darüber sprechen?

Es ist nicht immer leicht für Kinder, ihren Gefühlen und Fragen Ausdruck zu verleihen. Für manche kann es wichtig sein, eine Person zu haben, die stark und psychisch stabil wirkt und ihnen Sicherheit vermittelt. Andere brauchen jemanden, der eigene Gefühle zeigt, mit dem sie gemeinsam weinen können und der ihnen erlaubt, sich schwach und verloren zu fühlen. Manche Kinder trauen sich vielleicht nicht, über ihre Ängste und Gedanken mit den engsten Familienangehörigen zu sprechen, weil sie Angst haben, dass sie ihnen mit ihren Fragen Kummer bereiten. Manchen Kindern hilft es dann, sich mit einer außenstehenden, neutraleren Person auszutauschen. Manchmal ist es leichter, mit einer Tante, Krankenschwester oder Lehrerin über die kranke Mutter zu sprechen als mit Mama oder Papa selbst. Eltern können dies als Ablehnung empfinden, aber meist möchte das Kind dadurch sich selbst oder seine Eltern schützen. Geben Sie den Kindern die Möglichkeit, sich eine Bezugsperson auszusuchen, bei der sie sich sicher fühlen.

Was sind normale Reaktionen?

Jedes Kind reagiert anders auf eine Krebserkrankung in der Familie. Psychologen haben einige der typischsten Verhaltensmuster beschrieben:

Häufig reagieren Kinder mit Angst. Sie machen sich große Sorgen um die Zukunft. Sie haben plötzlich Probleme mit Abschieden oder entwickeln Ängste, selber krank zu werden. Alltägliche Situationen wie der Abschied vor der Schule oder das abendliche ins-Bett-Gehen können zu ausgeprägten Trennungsängsten führen.

Andere Kinder ziehen sich zurück und möchten am liebsten gar nicht über die Krankheit sprechen. Soziale Kontakte zu Freunden und Familie empfinden sie als belastend und möchten vollkommen in Ruhe gelassen werden. Angebotene Hilfe wird abgelehnt und sie weigern sich, über ihre Gefühle zu sprechen. Für Eltern ist es meist sehr belastend, wenn sie erleben, dass sie die Nähe zum Kind verlieren.

Auch Aggression und Wut sind eine typische Reaktion vieler Kinder. Sie empfinden es als extrem ungerecht, dass sie dies erleben müssen und alle anderen um sie herum gesund sind. Sie haben oft eine sehr niedrige Frustrationstoleranz und können in ihrer Wut sich selbst und anderen Schaden zufügen.

Manche Kinder entwickeln auch körperliche Symptome. So können sie z. B. unter Essstörungen oder Schlafproblemen leiden, haben Schwierigkeiten, sich in der Schule zu konzentrieren, oder klagen über Kopfschmerzen und Bauchschmerzen. Diese Symptome sollten ernst genommen werden, da sie ein Zeichen sind, dass das Kind Hilfe braucht, um mit der Angst und den Sorgen umgehen zu können.

Viele Eltern haben den Eindruck, dass ihre Kinder durch die Erkrankung schneller erwachsen werden. Sie wurden selbstständiger, wollten in der Familie helfen, stellten ernste, reflektierte Fragen. Dies muss nicht unbedingt negativ sein, aber man sollte darauf achten, dass der Druck und das Gefühl der Verantwortung nicht zu groß werden. Den Kindern sollte immer bewusst sein, dass wir uns sehr über ihre Hilfe freuen und sie wertschätzen, sie aber keinesfalls von ihnen erwarten. Die Verantwortung für die Familie liegt auch im Krankheitsfall bei den Erwachsenen.

Wo kann ich Hilfe finden, wenn ich mir Sorgen mache?

Wenn die Angstvorstellungen, soziale Isolation oder Aggression anfangen, dem Kind zu schaden, ist es ratsam, sich professionelle psychologische Unterstützung zu holen. Fachleute können den Kindern helfen, Kanäle für ihre Gefühle zu finden, und entwickeln gemeinsam mit ihnen Methoden, sodass sie lernen, mit ihren Emotionen umzugehen, ohne sich selbst oder anderen zu schaden. Auch wenn Kinder Verhaltensauffälligkeiten entwickeln, die über längere Zeit andauern, ist es sinnvoll, Fachleute heranzuziehen. Unterstützung findet man in psychosozialen Krebsberatungsstellen, beim psychoonkologischen Dienst der Krankenhäuser oder bei Kinderpsychotherapeuten. Manche Städte bieten Krebs-Gesprächskreise für Kinder und Eltern an und es gibt eigene Rehabilitationsangebote für Familien. Dort bekommen Kinder und Eltern Behandlungen und es werden Kurse angeboten. Informationen über viele bundesweite Einrichtungen und Ansprechpartner bieten z. B. der Krebsinformationsdienst, die Deutsche Arbeitsgemeinschaft für Psychosoziale Onkologie (dapo e. V.), die Deutsche Krebshilfe sowie Einrichtungen, die sich speziell mit den Problemen von Kindern krebskranker Eltern beschäftigen: Hilfe für Kinder krebskranker Eltern e. V. und Flüsterpost e. V.

Wie soll ich mit anderen Menschen in unserem Umfeld sprechen?

Viele Patienten finden Trost im Gespräch mit anderen und es hilft ihnen, über die Krankheit offen zu sprechen. Manche Krebspatienten empfinden die Aufmerksamkeit, die sie aufgrund ihrer Krankheit bekommen, allerdings als belastend. Sie fühlen sich stigmatisiert und möchten nicht ständig über den Krebs reden. Hier ist es wichtig, dass man über seine eigenen Wünsche und Bedürfnisse offen spricht. Die meisten Menschen wollen gern helfen, jedoch keinesfalls durch ihre Anteilnahme „nerven“. Sie sind deshalb oft dankbar, wenn man ihnen klar sagt, was man sich wünscht. Auch Kindern geht es nicht anders. Es ist wichtig, die Wünsche des Kindes zu respektieren. Wenn es nicht möchte, dass ständig über die Krankheit gesprochen wird, sollten die Erwachsenen ihren eigenen Redebedarf zumindest im

Beisein des Kindes in den Hintergrund stellen. Wenn das Kind jedoch ein großes Mitteilungsbedürfnis hat, sollte man ihm nicht verbieten, offen mit anderen zu sprechen, auch wenn man sich selbst überwinden muss, die eigene Betroffenheit mit anderen zu teilen.

Wie kann ich um Hilfe bitten?

Viele Patienten möchten anderen Menschen nicht mit ihrer Krankheit zur Last fallen oder empfinden es als Versagen, Hilfe anzunehmen, weil sie das Gefühl haben, ihr Leben unbedingt selbst meistern zu müssen. Andererseits sagten alle Familien unabhängig davon, ob ein Elternteil, das Kind selbst oder ein naher Angehöriger erkrankt ist, dass sie gern Unterstützung bei den Alltagsaufgaben hätten, damit sie sich mehr um den Kranken kümmern können.

Die Menschen im Umfeld betroffener Familien möchten oft unglaublich gern helfen, wissen aber meist nicht, was sie machen können, und wollen sich nicht aufdrängen. Wenn sie um Hilfe gebeten werden, fühlen sie sich gebraucht, anerkannt und wichtig. Sie sind oft dankbar, wenn sie eine klare Aufgabe bekommen. Angebotene Hilfe anzunehmen oder um Unterstützung zu bitten, ist also keine Schwäche, sondern eine Stärke, die anderen Menschen hilft, sich sinnvoll einzubringen. Man kann zum Beispiel „Hilfskarten“ schreiben und im Freundeskreis verteilen. Hieraus kann sich jeder konkrete Aufgaben aussuchen, die zu ihm passen und die er gern erledigt. Hier sind einige Ideen: ein Abendessen pro Woche, Abholen von der Schule an einem festen Wochentag, regelmäßiger Spieleabend oder Übernachtungsbesuch, Fahrdienst zum Nachmittagssport, Wochenendausflug, gemeinsames Wäschezusammenlegen oder Einkaufen.

Oft sind es diese kleinen Dinge, die eine unglaubliche Entlastung für den Familienalltag bieten und den Freunden keineswegs lästig sind. Auch einmalige Hilfskarten zum Ausrichten von Geburtstagsfesten oder Feiertagen wie Weihnachten oder Aktivitäten in den Schulferien können die familiäre Situation extrem entlasten. Auch ein offenes Ohr und die Möglichkeit, Zeit für sich selber zu haben, entspannen den Alltag und geben wichtige Energie. So kann z.B. ein regelmäßiger Spaziergang mit einem guten Freund eine große Hilfe sein.

Wie rede ich mit den Freunden meines Kindes?

Auch im Umfeld des Kindes gibt es verschiedene Reaktionen. Manchen Freunden fällt es vielleicht leicht, über die Erkrankung zu sprechen, während andere plötzlich Abstand suchen. Vielleicht haben sie Angst, sich anzustecken, oder es fällt ihnen schwer, mit den Emotionen umzugehen. Für Kinder kann es schrecklich sein, wenn sie das Gefühl haben, dass sie zum Außenseiter werden oder wichtige Freunde verlieren. Dann ist es ratsam, einen Experten hinzuzuziehen, der mit der Schulklasse und den Freunden des Kindes redet und auf all ihre Fragen eingeht. Dieses Buch kann auf diesem Weg ein wichtiger Begleiter sein und den Kindern helfen zu verstehen, was mit ihrem Freund passiert. Auch auf Elternabenden sollte das Thema Krebs aufgenommen werden, sodass die anderen Eltern eine Anleitung bekommen, wie sie mit ihren eigenen Kindern darüber sprechen können.

Die meisten Eltern krebskranker Kinder, mit denen ich im Laufe dieses Projektes gesprochen habe, erlebten, dass ihre Kinder durch die behandelnden Ärzte und Ärztinnen gut über die Krankheit informiert werden und ihre Fragen über die Krankheit meist verständnisvoll und professionell beantwortet bekommen. Allerdings war es für viele schwierig, das Umfeld des Kindes über die Krankheit zu informieren. Auch hier empfiehlt sich die Einbeziehung eines Experten.

Wie viele Menschen haben Krebs?

Laut Krebsregister erhält jedes Jahr in Deutschland ungefähr eine halbe Million Menschen eine Krebsdiagnose. Die Wahrscheinlichkeit, an Krebs zu erkranken, steigt mit zunehmendem Alter deutlich an. Im Kindes- und Jugendalter sind Krebserkrankungen zum Glück sehr selten. In Deutschland wird dennoch jedes Jahr bei ungefähr 1.800 jungen Patienten unter 15 Jahren Krebs diagnostiziert.

Zwölf von 100 Patienten haben zum Zeitpunkt der Diagnose minderjährige Kinder und bei Brustkrebspatientinnen sind es sogar über 30 % der betroffenen Frauen.

Nicht alle Krebspatienten können dauerhaft geheilt werden. Fortschritte bei Vorbeugung, Früherkennung und Behandlung führen jedoch dazu, dass die Krebssterblichkeit in den letzten Jahrzehnten deutlich zurückgegangen ist und mittlerweile über die Hälfte der Patienten geheilt werden kann. Bei Kindern sind die Prognosen noch besser und mittlerweile können 4 von 5 Kindern wieder gesund werden. Aktuelle Statistiken können beim Robert Koch-Institut (www.rki.de) eingesehen werden.

Hilfreiche Adressen:

Hilfe für Kinder krebskranker Eltern e. V.
Komturstraße 3
60528 Frankfurt am Main
Telefon: 0 69 / 96 78 07-0

E-Mail: info@kinderkrebs-frankfurt.de
Internet: www.kinderkrebs-frankfurt.de

Flüsterpost e. V.
Unterstützung für Kinder krebskranker Eltern
Lise-Meitner-Str. 7
55129 Mainz-Hechtsheim
Telefon (Sekretariat): 0 61 31 / 55 48-798

E-Mail: info@kinder-krebskranker-eltern.de
Internet: www.kinder-krebskranker-eltern.de

Stiftung Deutsche Krebshilfe
Buschstr. 32
53113 Bonn
Telefon: 02 28 / 7 29 90-0

E-Mail: deutsche@krebshilfe.de
Internet: www.krebshilfe.de

Deutsches Krebsforschungszentrum, Krebsinformationsdienst
Telefon: 08 00 / 4 20 30 40

E-Mail: krebsinformationsdienst@dkfz.de
Internet: www.krebsinformationsdienst.de

Deutsche Arbeitsgemeinschaft für Psychosoziale Onkologie
dapo-Geschäftsstelle
c/o Mittelrhein-Klinik
Salzbornstr. 14
56154 Boppard
Telefon: 01 52 / 33 85 76 32

E-Mail: info@dapo-ev.de
Internet: www.dapo-ev.de

Über die Autorin

Sarah Herlofsen ist Doktor der Biomedizin und vierfache Mutter.

Schon als Kind war die Medizin ihre große Leidenschaft. Sie studierte Biologie und Philosophie, um Kindern die kleinsten Details der Natur und die größten Fragen der Welt näherzubringen. Die Krebserkrankung ihrer Großmutter motivierte sie, die Lehre aufzugeben und stattdessen in die Forschung zu gehen, um neue Medikamente gegen Krebs zu entwickeln. Nach Abschluss des Elitestudienganges Molekulare Biomedizin wanderte sie 2002 nach Norwegen aus. Hier arbeitete sie viele Jahre in der klinischen Stammzellforschung und unterrichtete Schüler und Studenten. Nach Abschluss ihrer Doktorarbeit am norwegischen Zentrum für Stammzellforschung veränderte die nächste familiäre Krebserkrankung erneut ihren Lebensweg. Als mittlerweile dreifache Mutter bekam sie von ihren Kindern plötzlich ganz andere Fragen über Krebs gestellt. Jetzt war der Krebs nicht mehr nur eine theoretische wissenschaftliche Herausforderung. Plötzlich rasselten emotionale und oft sehr konkrete Kinderfragen auf sie ein. Sie fing an, mit ihren Kindern Zellen zu malen und kleine Geschichten über die Krebsjäger zu schreiben, um ihren Kindern die Erkrankung ihres Großvaters und ihre eigene Trauer zu erklären. Als sie den positiven Effekt dieser künstlerischen, ehrlichen und offenen Herangehensweise an ihren eigenen Kindern sah, entstand eine neue Idee. Sie entschied sich, ihr gesamtes Fachwissen zu nutzen, um anderen Familien dabei zu helfen, mit ihren Kindern über Krankheiten zu reden. Mit Unterstützung der norwegischen Krebsgesellschaft, des norwegischen Kulturrates und eines Verfasserstipendiums der Norwegischen Gesellschaft für Fachliteratur konnte sie diesen Traum verwirklichen und dieses Buch über Krebs schreiben. Gemeinsam mit der Krebsgesellschaft sammelte sie Fragen und Erfahrungen von anderen Familien und lernte schnell, dass Krebs bei allen Kindern sehr unterschiedliche Fragen und Ängste hervorbringt. Sie besuchte Kinderkrebsstationen, Gesprächskreise und Seminare von Patientenorganisationen. So sammelten sich im Laufe der Zeit eine Menge Kinderfragen an. Die Antworten auf diese Fragen entwickelte sie gemeinsam mit der Kinderabteilung der Krebsgesellschaft und einem Team von Psychologen. Mit Unterstützung der Deutschen Krebshilfe erscheint dieses Buch nun auch in Deutschland.

Dagmar Geisler, 1958 in Siegen geboren, studierte Graphik-Design in Wiesbaden und begann bereits während dieser Zeit als Illustratorin zu arbeiten. Inzwischen hat sie als Autorin eine Vielzahl von erfolgreichen Bilder- und Kinderbüchern geschrieben, erzählende Bücher genauso wie Sachbücher, die sie mit witzigen Bildern anschaulich macht. „Mich interessiert alles Zwischenmenschliche. Ich zeichne am liebsten Menschen. Und darüber schreibe ich auch am liebsten", erzählt sie.
www.dagmargeisler.de

Cornelia Scheel, geboren 1963, wurde von ihrer Mutter allein erzogen. Nachdem ihre Mutter 1969 den späteren Bundespräsidenten Walter Scheel geheiratet hatte, wurde sie von diesem adoptiert und erhielt damit dessen Nachnamen. Cornelia Scheel studierte zunächst Medizin und war anschließend für die Deutsche Krebshilfe tätig, deren Präsidentin ihre Mutter von 1979 bis zu ihrem Tod 1985 gewesen war. Bei einer Feierstunde zum 40-jährigen Jubiläum des „Mildred-Scheel-Kreis", des Fördervereins der Deutschen Krebshilfe, übernahm Cornelia Scheel im Dezember 2017 dessen Vorsitz und möchte zukünftig viele Menschen langfristig für den Mildred-Scheel-Förderkreis gewinnen.
Cornelia Scheel lebt und arbeitet heute in Köln.

Mehr über unsere Bücher, Autor:innen und Illustrator:innen auf:
www.thienemann.de

Herlofsen, Sarah:
Wie ist das mit dem Krebs?
ISBN 978 3 522 30630 0

Gesamtgestaltung: Dagmar Geisler

Einbandtypografie: Doris Grüniger, Buch und Grafik, Zürich
Innentypografie: Tanja Haaf
Reproduktion: David Hirsch - H.K.S. Repro, Ostfildern
Druck und Bindung: Livonia Print, Riga

Dies ist eine ergänzte Neuausgabe des erstmals 2018
erschienenen Titels
Bei Fragen zum Produkt: service@thienemann.de

4. Auflage 2026

www.thienemann.de

Die Illustrationen dieses Werkes wurden vermittelt durch
die Michael Meller Literary Agency GmbH, München